AF194937

Impressum
Verlag: BABADADA GmbH, Nedderfeld 112 , 22529 Hamburg
Geschäftsführer / Verlagsleitung: Harald Hof
Druck: Books on Demand GmbH, In de Tarpen 42, 22848 Norderstedt

Imprint
Publisher: BABADADA GmbH, Nedderfeld 112 , 22529 Hamburg, Germany
Managing Director / Publishing direction: Harald Hof
Print: Books on Demand GmbH, In de Tarpen 42, 22848 Norderstedt, Germany

школа
škola

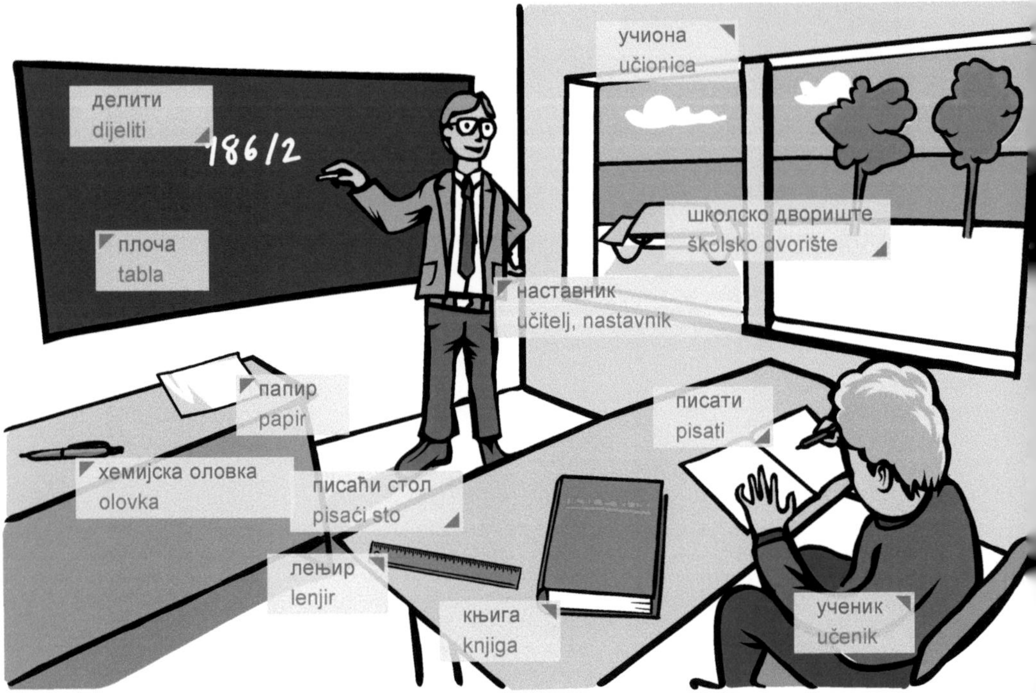
учиона
učionica
делити
dijeliti
186/2
школско двориште
školsko dvorište
плоча
tabla
наставник
učitelj, nastavnik
папир
papir
писати
pisati
хемијска оловка
olovka
писаћи стол
pisaći sto
лењир
lenjir
књига
knjiga
ученик
učenik

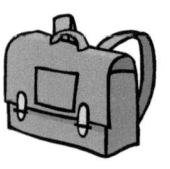

торба
torba

перница
pernica

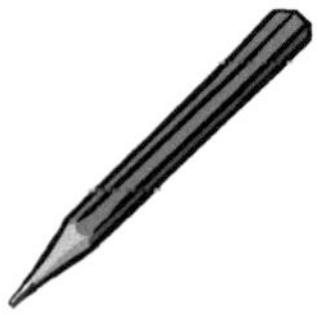

графитна оловка
drvena olovka

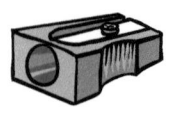

шиљило за оловке
šiljalo za olovke

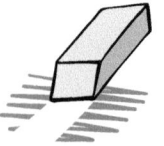

гумица за брисање
gumica

блок за цртање
blok za crtanje

цртеж
....
crtež

кист
....
kist

кутија са бојама
....
kutija s bojama

маказе
....
makaze

лепило
....
ljepilo

бележница
....
vježbanka

домаћи задатак
....
domaća zadaća

број
....
broj

сабирати
....
sabirati

одузимати
....
oduzimati

множити
....
množiti

рачунати
....
računati

слово
....
slovo

абецеда
....
abeceda

реч
....
riječ

текст

tekst

читати

čitati

креда

kreda

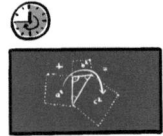

час

sat

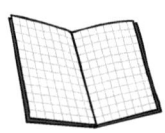

дневник

školski dnevnik

испит

ispit

сведочанство

svjedočanstvo

школска униформа

školska uniforma

образовање

izobrazba

лексикон

leksikon

универзитет

univerzitet

микроскоп

mikroskop

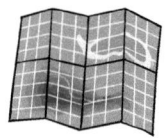

карта

karta

кошара за папир

korpa za papir

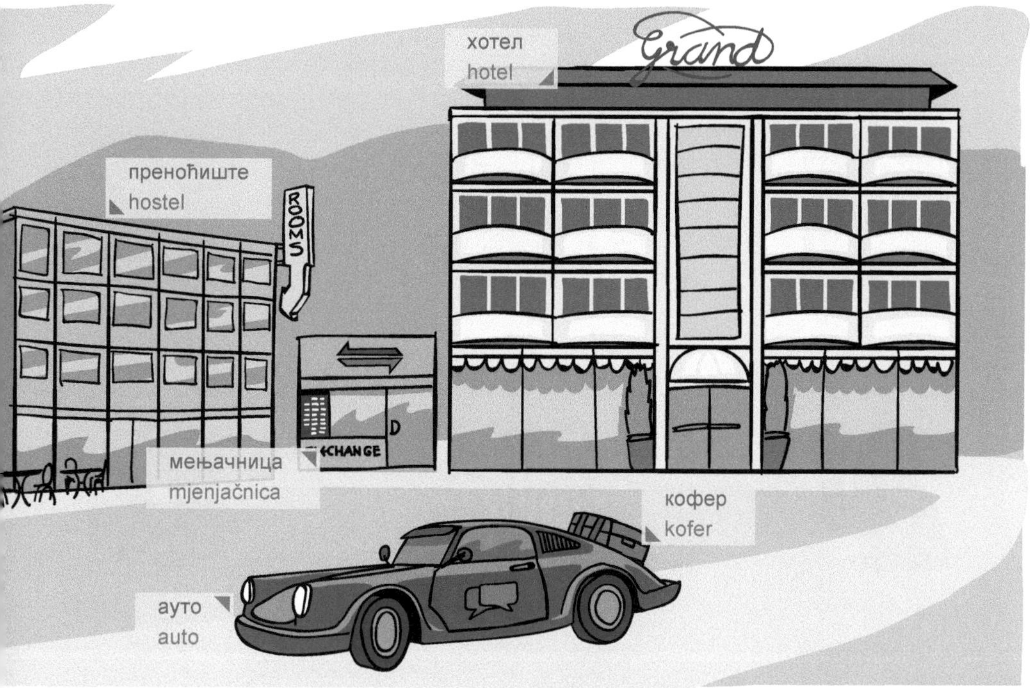

хотел
hotel

пренoћиште
hostel

ROOMS

мењачница
mjenjačnica

EXCHANGE

кофер
kofer

ауто
auto

језик
jezik

да / не
da / ne

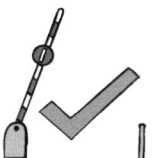

океј
okej

здраво
zdravo

преводилац
tumač

хвала
hvala

Колико кошта…?

Koliko košta…?

не разумем

Ne razumijem

проблем

problem

добро вече!

dobro veče!

Добро јутро!

Dobro jutro!

Лаку ноћ!

Laku noć!

довиђења

doviđenja

смер

smjer

пртљага

prtljag

торба

torba

руксак

ruksak

гост

gost

соба

soba

врећа за спавање

vreća za spavanje

шатор

šator

туристичке информације

turističke informacije

плажа

plaža

кредитна картица

kreditna kartica

доручак

doručak

ручак

ručak

вечера

večera

карта за вожњу

putna karta

лифт

lift

поштанска маркица

poštanska markica

граница

granica

царина

carina

амбасада

ambasada

виза

viza

пасош

pasoš

транспорт
transport

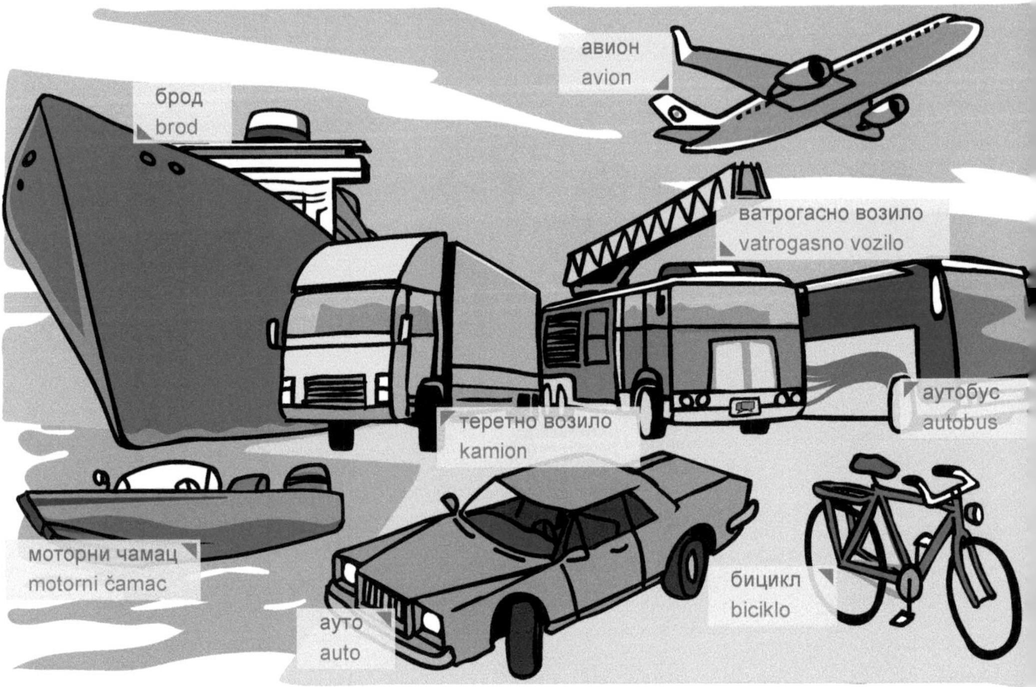
авион
avion
брод
brod
ватрогасно возило
vatrogasno vozilo
аутобус
autobus
теретно возило
kamion
моторни чамац
motorni čamac
бицикл
biciklo
ауто
auto

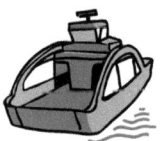

трајект

trajekt

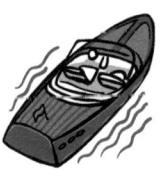

чамац

brod

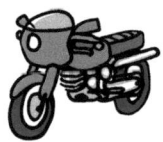

мотоцикл

motocikl

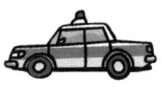

полицијски ауто

policijski automobil

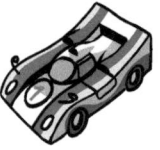

тркаћи ауто

trkaći automobil

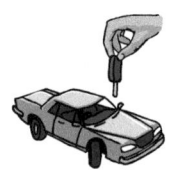

изнајмљено ауто

unajmljeni automobil

дељење аутомобила

kar-šering

вучно возило

pauk

возило за одвоз смећа

smećarsko vozilo

мотор

motor

бензин

gorivo

бензинска станица

benzinska pumpa

саобраћајни знак

saobraćajni znak

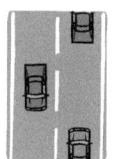

саобраћај

saobraćaj

застој

zastoj

паркиралиште

parking

железничка станица

željeznička stanica

шине

šine

воз

voz

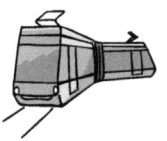

трамвај

tramvaj

вагон

vagon

хеликоптер

helikopter

аеродром

aerodrom

кула

toranj

путник

putnik

контејнер

kontejner

картон

karton

колица

tačke

корпа

korpa

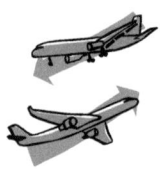

узлетети / слетети

poletjeti / sletjeti

град

grad

село

selo

центар града

centar grada

кућа

kuća

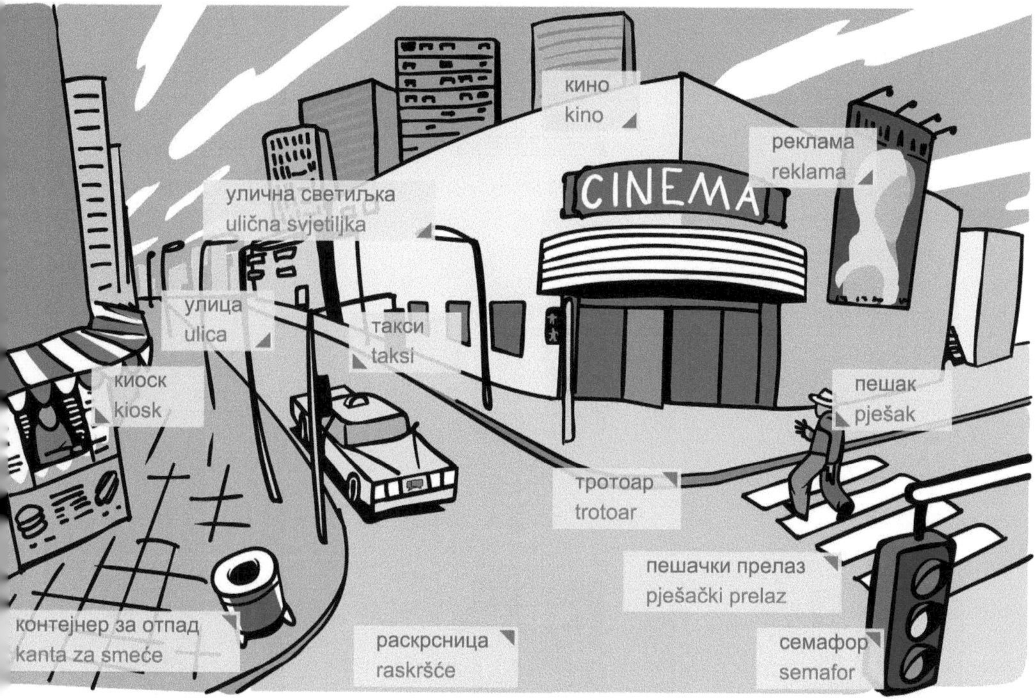

кино
kino

реклама
reklama

улична светиљка
ulična svjetiljka

улица
ulica

такси
taksi

пешак
pješak

киоск
kiosk

тротоар
trotoar

пешачки прелаз
pješački prelaz

контејнер за отпад
kanta za smeće

раскрсница
raskršće

семафор
semafor

колиба
koliba

стан
stan

железничка станица
željeznička stanica

већница
vjećnica

музеј
muzej

школа
škola

универзитет
univerzitet

банка
banka

болница
bolnica

хотел
hotel

апотека
apoteka

канцеларија
ured

књижара
knjižara

продавница
radnja

цвећара
cvjećara

супермаркет
supermarket

трг
pijaca

робна кућа
robna kuća

рибарница
prodavač ribe

трговачки центар
trgovački centar

лука
luka

парк

park

клупа

klupa

мост

most

степенице

stepenice

подземна железница

podzemna željeznica

тунел

tunel

аутобуска станица

autobuska stanica

бар

bar

ресторан

restoran

поштанско сандуче

poštanski sandučić

улични знак

saobraćajni znak

паркирни аутомат

sat za naplatu parkinga

зоолошки врт

zološki vrt

базен

bazen

џамија

džamija

сеоско газдинство

seosko imanje

загађење околине

zagađenje okoline

гробље

groblje

црква

crkva

игралиште

igralište

храм

hram

пејсаж
krajolik

лист / list

путоказ / putokaz

пут / putokaz

ливада / livada

камен / kamen

дрво / drvo

шетач / putnik

река / rijeka

трава / trava

цвет / cvijet

долина

dolina

планина

brdo

језеро

jezero

шума

šuma

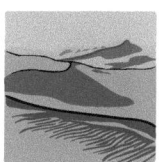

пустиња

pustinja

вулкан

vulkan

дворац

dvorac

дуга

duga

гљива

gljiva

палма

palma

москито

komarac

мува

muha

мрав

mrav

пчела

pčela

паук

pauk

буба
buba

жаба
žaba

веверица
vjeverica

јеж
jež

зец
zec

сова
sova

птица
ptica

лабуд
labud

дивља свиња
divlja svinja

јелен
jelen

лос
los

насип
brana

ветрењача
vjetrenjača

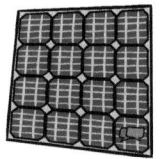

соларна плоча
solarni modul

клима
klima

ресторан
restoran

конобар
konobar
јеловник
jelovnik
столица
stolica
супа
supa
пица
pica
прибор за јело
pribor za jelo
столњак
stolnjak

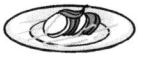

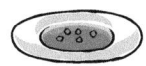

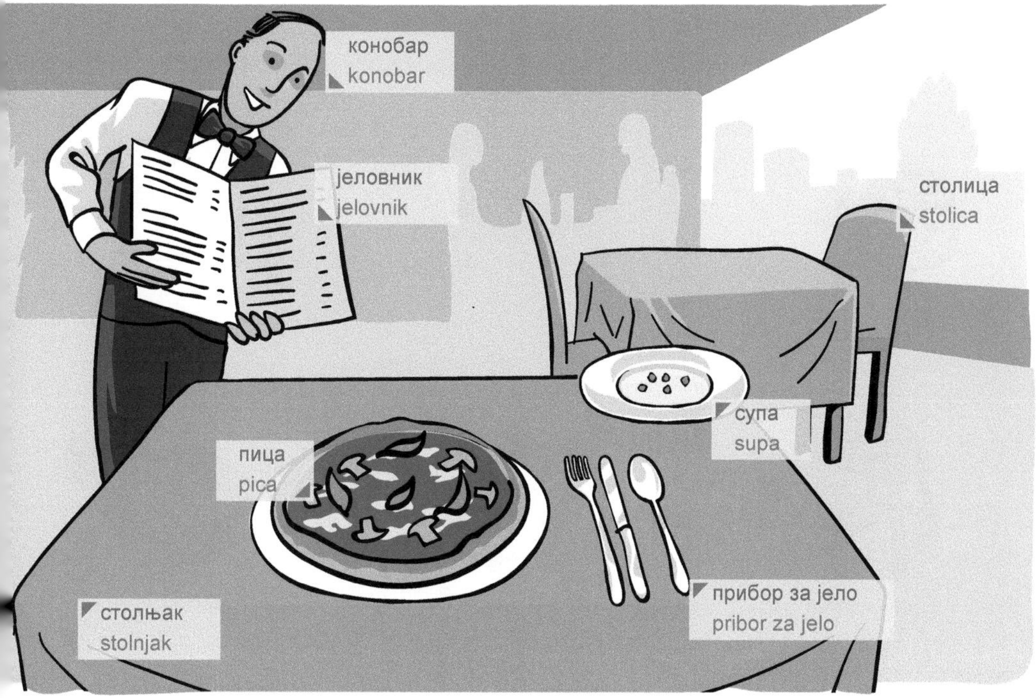

предјело

predjelo

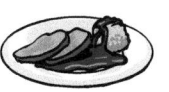

главно јело

glavno jelo

десерт

desert

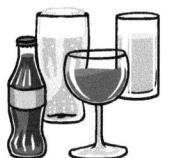

напитци

piće

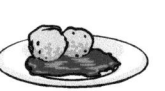

јело

jelo

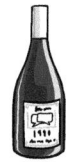

флаша

flaša

брза храна

brza hrana

имбис храна

jelo sa ulice

чајник

čajnik

доза за шећер

šećernica

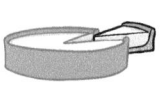

порција

porcija

апарат за еспресо

mašina za espreso

висока столица

barska stolica

рачун

račun

послужавник

tacna

нож

nož

виљушка

viljuška

кашика

kašika

чајна кашика

kašičica

салвета

salveta

чаша

čaša

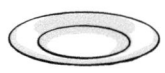

тањир

tanjir

тањир за супу

tanjir za supu

тањирић

tanjurić

сос

sos

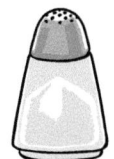

сољенка

solanik

млин за бибер

mlin za biber

сирће

sirće

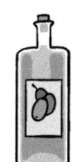

уље

ulje

зачини

začini

кечап

kečap

сенф

senf

мајонеза

majoneza

супермаркет
supermarket

понуда
ponuda
FOR
купац
klijent
млечни производи
mliječni proizvodi
воће
voće
колица за куповину
kolica za kupovinu

BUTCHERS

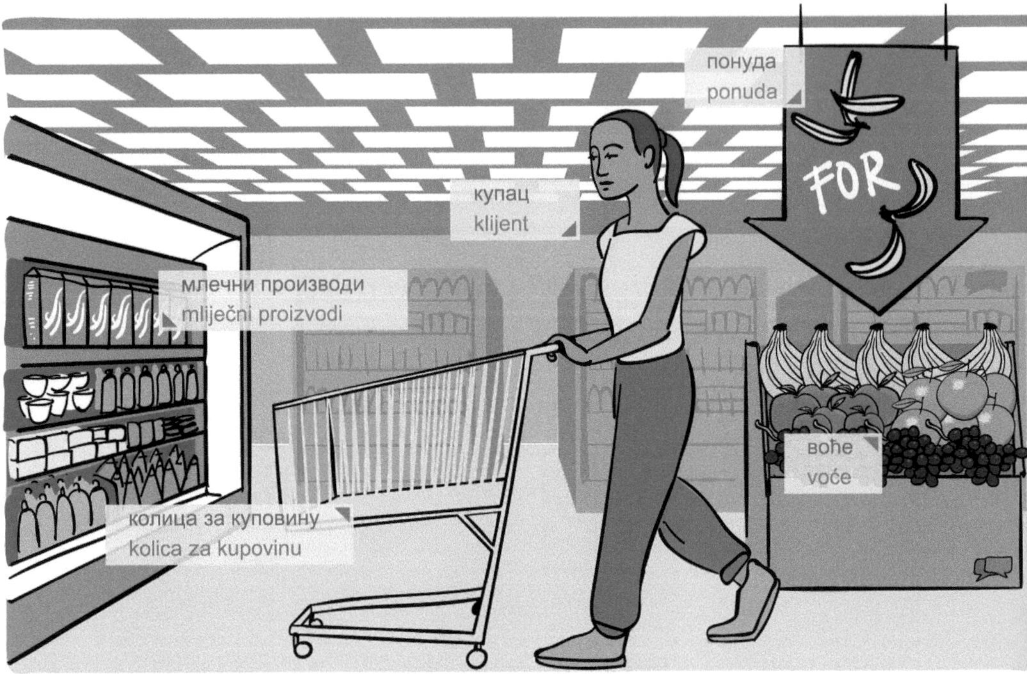

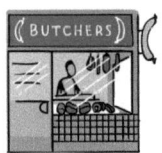

месница
mesnica- klaonica

BAKERY

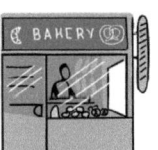

пекара
pekara

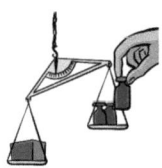

вагати
vagati

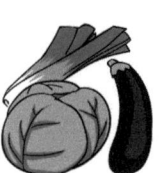

поврће
povrće

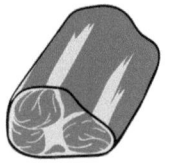

месо
meso

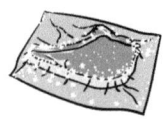

смрзнута храна
zaleđena hrana

нарезак

narezak

конзерве

konzerve

средство за прање

prašak za veš

слаткиши

slatkiši

артикли за домаћинство

kućanski proizvodi

средства за чишћење

sredstvo za čišćenje

продавачица

prodavačica

благајна

kasa

благајник

blagajnik

листа за куповину

lista za kupovinu

време рада

radno vrijeme

новчаник

novčanik

кредитна картица

kreditna kartica

торба

torba

пластична кеса

najlonska vrećica

вода

voda

сок

sok

млеко

mlijeko

кола

kola

вино

vino

пиво

pivo

алкохол

alkohol

какао

kakao

чај

čaj

кава

kafa

еспресо

espreso

капучино

kapućino

банана

banana

јабука

jabuka

наранџа

narandža

лубеница

lubenica

лимун

limun

шаргарепа

mrkva

бели лук

bijeli luk

бамбус

bambus

лук

crveni luk

гљива

gljiva

орашасти плодови

orašasti plodovi

резанци

pasta

шпагете

špagete

рижа

riža

салата

salata

помфрит

pomfrit

печени крумпир

pečeni krompir

пица

pica

хамбургер

hamburger

сендвич

sendvič

шницла

šnicla

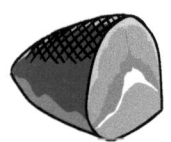

шунка

šunka

салама

kobasica

кобасица

kobasica

кокош

kokoš

печење

pečenje

риба

riba

зобене пахуљице

zobene pahuljice

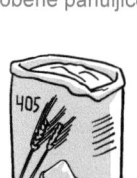

брашно

brašno

кроасан

kroason

мусли

muzli

кукурузне пахуљице

kornfleks

хлеб

kruh

тоаст

tost

кекси

keksi

маслац

maslac

свежи сир

svježi sir

колач

kolač

jaje

jaje

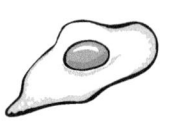

jaje на око

jaje na oko

сир

sir

пециво

zemičke

сладолед

sladoled

шећер

šećer

мед

med

мармелада

marmelada

нугат крема

nugat krema

кари

kuri

сеоско газдинство

seosko imanje

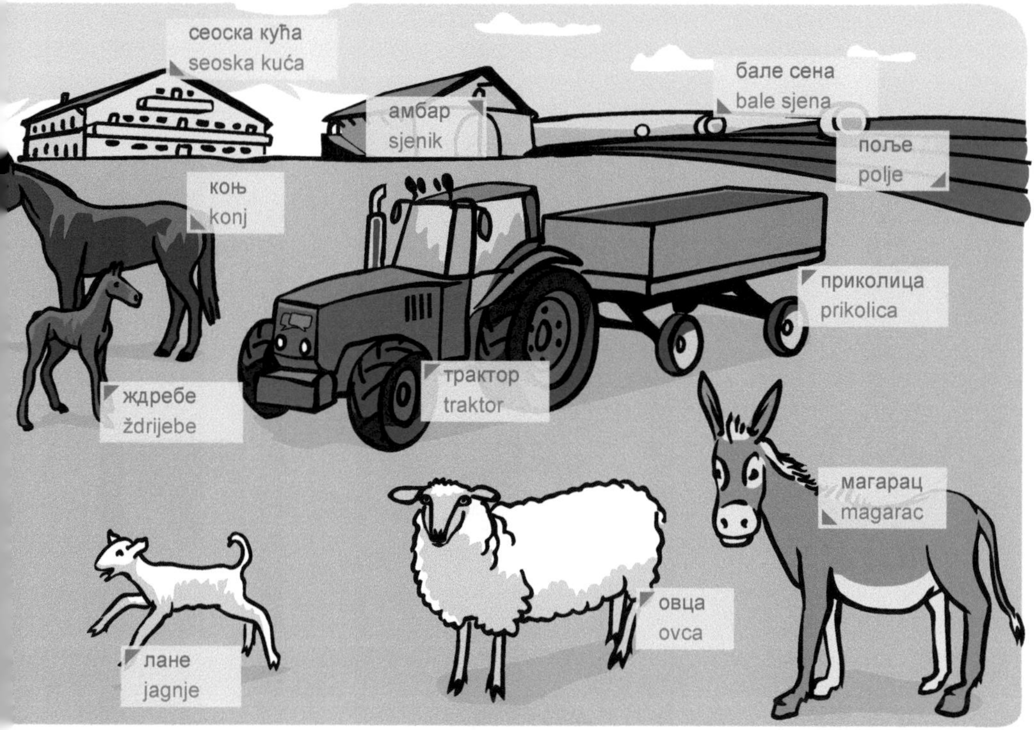

сеоска кућа
seoska kuća
амбар
sjenik
бале сена
bale sjena
поље
polje
коњ
konj
приколица
prikolica
трактор
traktor
ждребе
ždrijebe
магарац
magarac
овца
ovca
лане
jagnje

коза
koza

крава
krava

теле
tele

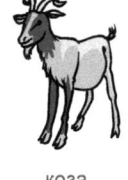

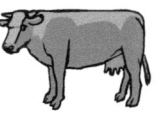

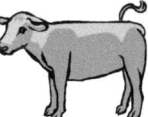

свиња
svinja

прасе
prase

бик
bik

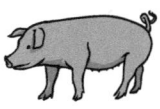

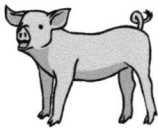

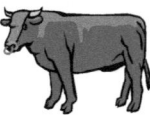

гуска

guska

патка

patka

пилићи

pile

кокош

kokoška

петао

pjetao

пацов

pacov

мачка

mačka

миш

miš

вол

vol

пас

pas

кућица за пса

pseća kućica

вртно црево

crijevo za baštu

канта за поливање

kanta za zalijevanje

коса

kosa

плуг

plug

срп
srp

мотика
motika

виљушка за ђубриво
vile

секира
sjekira

тачке
tačke

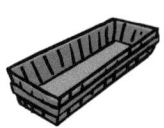

корито
korito

посуда за млеко
bokal za mlijeko

вређа
vreća

ограда
ograda

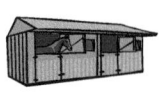

штала
štala

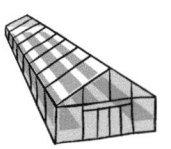

стакленик
staklenik

земља
tlo

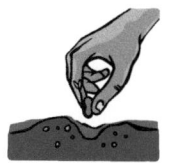

семе
sjeme

ђубриво
đubrivo

комбајн
kombajn

жети
kositi

жетва
žetva

јамс зачин
jam korijen

пшеница
pšenica

соја
soja

крумпир
krompir

кукуруз
kukuruz

уљана репица
uljana repica

воћка
drvo voća

гомољ маниоке
manioka

житарице
žito

кућа
kuća

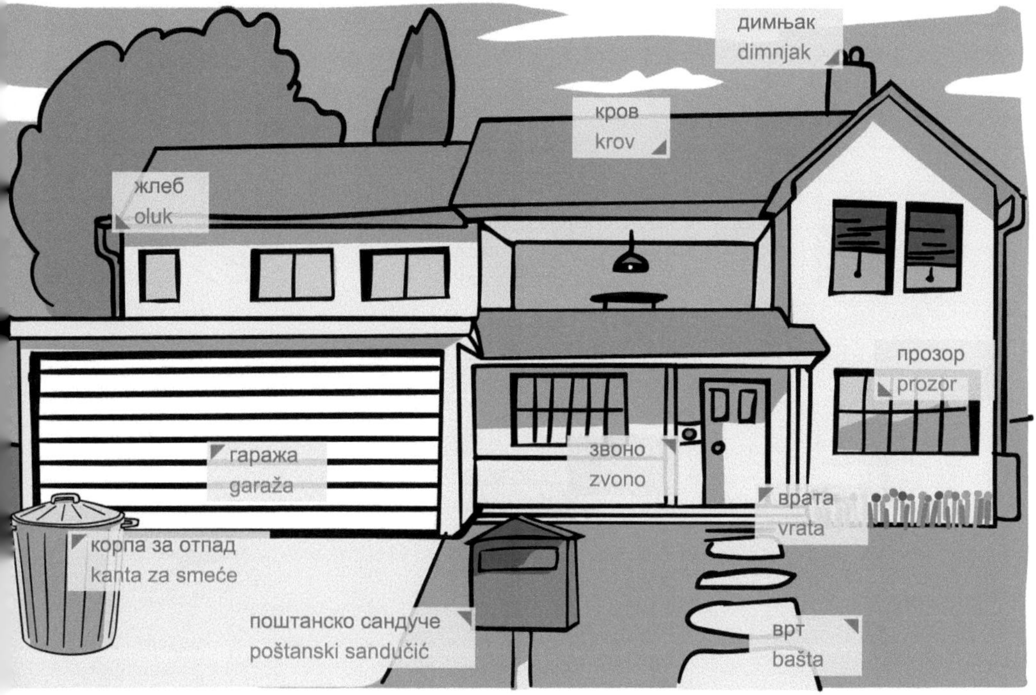

димњак
dimnjak
кров
krov
жлеб
oluk
прозор
prozor
гаража
garaža
звоно
zvono
врата
vrata
корпа за отпад
kanta za smeće
поштанско сандуче
poštanski sandučić
врт
bašta

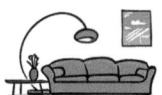

дневна соба

dnevni boravak

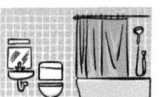

купаоница

kupatilo

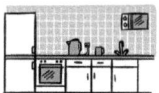

кухиња

kuhinja

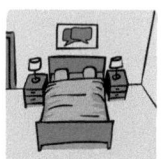

спаваћа соба

spavaća soba

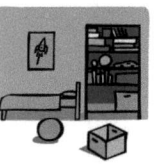

дечија соба

dječija soba

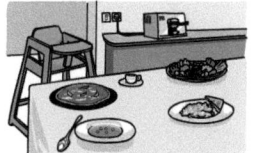

трпезарија

trpezarija

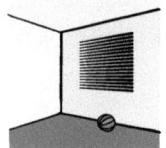

под
pod, tlo

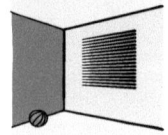

зид
zid

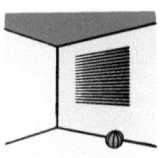

строп
plafon

подрум
podrum

сауна
sauna

балкон
balkon

тераса
terasa

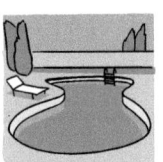

базен
bazen

косилица за траву
kosilica

постељина за кревет
posteljina

дека за кревет
pokrivač

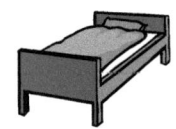

кревет
krevet

метла
metla

канта
kanta

прекидач
prekidač

кућа - kuća

дневна соба
dnevni boravak

тапета
tapeta
слика
fotografija
светиљка
lampa
регал
polica
ормар
ormar
телевизија
televizija
камин
dimnjak
цвет
cvijet
јастук
jastuk
кауч
kauč
ваза
vaza
даљински управљач
daljinski upravljač

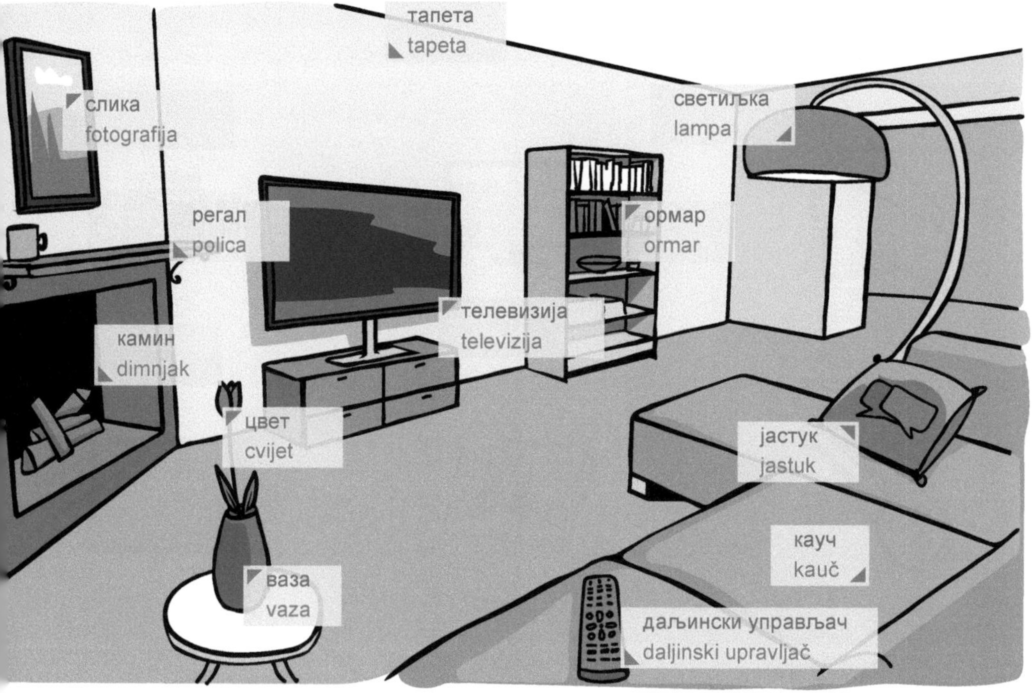

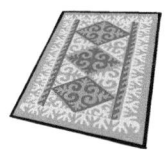

тепих
tepih

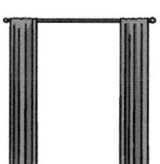

завеса
zavjesa

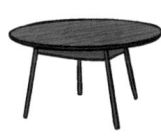

сто
stol

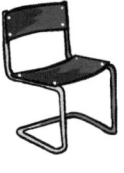

столица
stolica

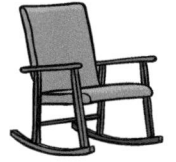

столица за љихање
stolica za ljuljanje

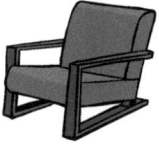

фотеља
fotelja

књига

knjiga

дека

deka

декорација

dekoracija

дрво за огрев

ložno drvo

филм

film

хи-фи уређај

stereo uređaj

кључ

ključ

новине

novine

слика на платну

umjetnička slika

постер

poster

радио

radio

блок за писање

blok za bilješke

усисивач

usisavač

кактус

kaktus

свећа

svijeća

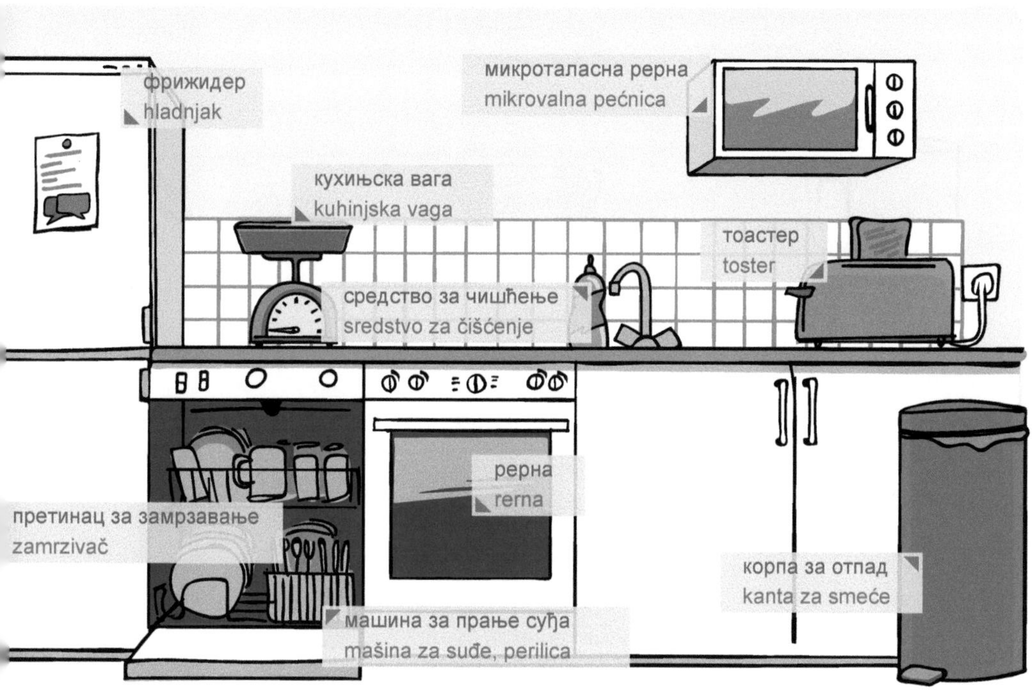

фрижидер
hladnjak

микроталасна рерна
mikrovalna pećnica

кухињска вага
kuhinjska vaga

средство за чишћење
sredstvo za čišćenje

тоастер
toster

рерна
rerna

претинац за замрзавање
zamrzivač

корпа за отпад
kanta za smeće

машина за прање суђа
mašina za suđe, perilica

шпорет

peć

лонац

lonac

гвоздени лонац

metalni lonac

вок / кадаи

vok / kadai

тава

tava, tiganj

кувало за воду

kuhalo

кувало на пару

aparat za kuhanje na pari

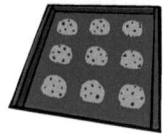

лим за печење

lim za pečenje

посуђе

posuđe

чаша

šalica

посуда

činija

штапићи за јело

kineski štapići

кутлача

kutlača

лопатица

lopatica

пењача

metlica za snijeg bjelanjca

сито за кување

sito za kuhanje

сито

sito

рибеж

ribež

мужар

avan s tučkom

роштиљ

roštilj

огњиште

ložište

даска
daska

оклагија
oklagija

вадичеп
vadičep

конзерва
konzerva

отварач конзерви
otvarač za konzerve

крпа за лонац
krpe za lonac

судопер
sudoper

четка
četka

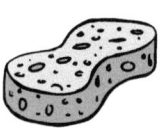

сунђер
spužva

миксер
mikser

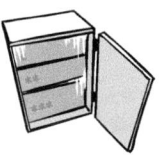

замрзивач
zamrzivač

флашица за бебе
flašica za bebu

славина за воду
slavina

купаоница

kupatilo

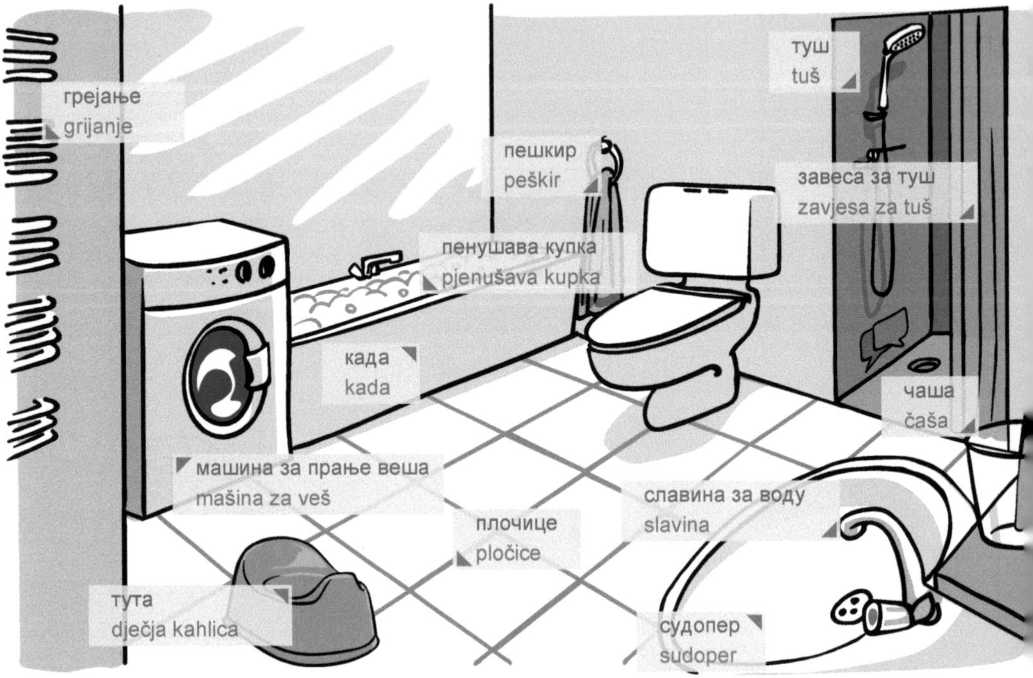

туш
tuš
грејање
grijanje
пешкир
peškir
завеса за туш
zavjesa za tuš
пенушава купка
pjenušava kupka
када
kada
чаша
čaša
машина за прање веша
mašina za veš
славина за воду
slavina
плочице
pločice
тута
dječja kahlica
судопер
sudoper

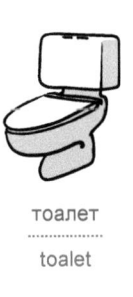

тоалет

toalet

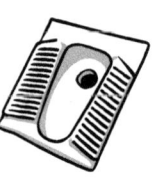

чучавац

čučavac

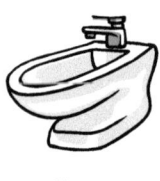

бидет

bide

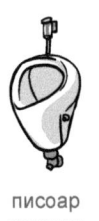

писоар

pisoar

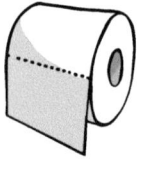

тоалетни папир

toalet papir

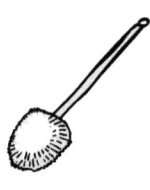

четка за тоалет

četka za wc

четкица за зубе

četkica za zube

паста за зубе

pasta za zube

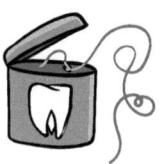

конац за зубе

zubni konac

прати

prati

туш ручица

tuš

туш за прање интимних делова

intimni tuš

лавор

lavor

четка за прање леђа

četka za leđa

сапун

sapun

гел за туширање

gel za tuširanje

шампон

šampon

крпа за прање

krpe za pranje

одвод

odvod

крема

krema

дезодоранс

dezodorans

огледало

ogledalo

козметичко огледало

ogledalo za šminkanje

бријач

brijač

пена за бријање

pjena za brijanje

лосион за после бријања

vodica poslije brijanja

чешаљ

češalj

четка

četka

фен за косу

fen

спреј за косу

sprej za kosu

шминка

puder

руж за усне

karmin

лак за нокте

lak za nokte

вата

vata

маказе за нокте

makazice za nokte

парфем

parfem

козметичка торбица

kozmetička torbica

столица

hoklica

вага

vaga

огртач

kupaći ogrtač

рукавице за чишћење

rukavice za čišćenje

тампон

tampon

уложак

uložak za dame

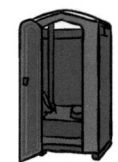

хемијски тоалет

hemijski toalet

дечија соба

dječija soba

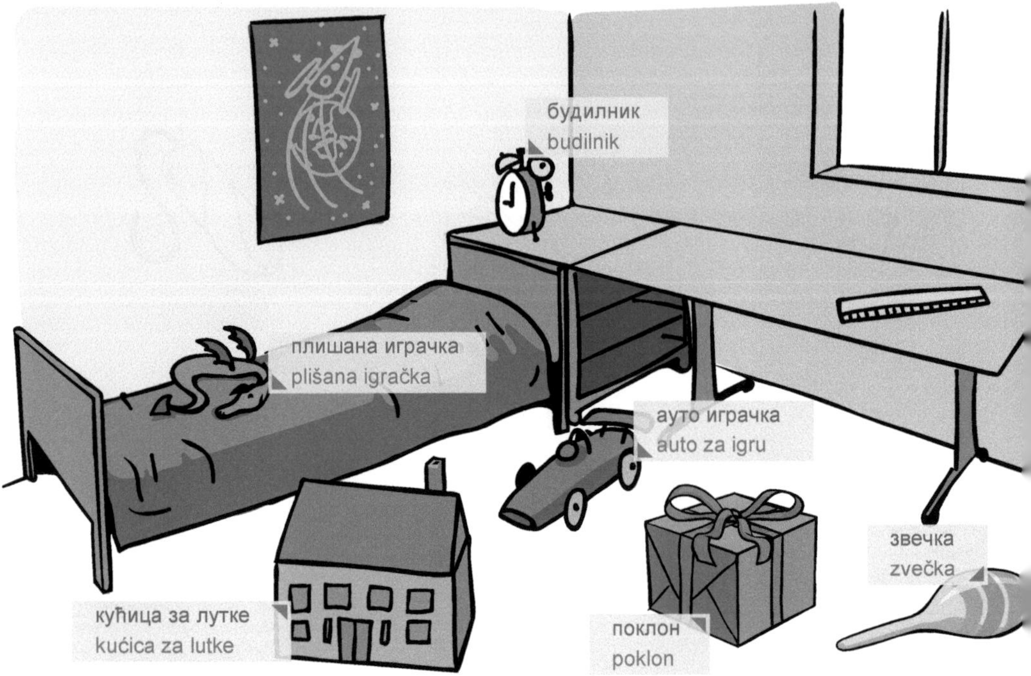
будилник
budilnik
плишана играчка
plišana igračka
ауто играчка
auto za igru
звечка
zvečka
кућица за лутке
kućica za lutke
поклон
poklon

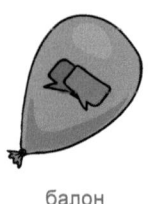

балон

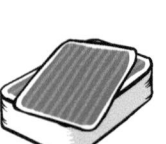

balon

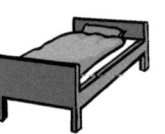

кревет

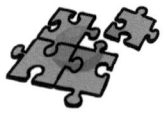

krevet

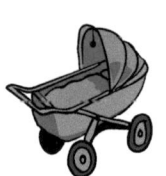

дјечија колица

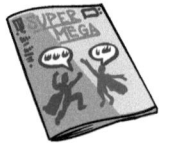

kolica za djecu

игра са картама

karte za igranje

слагалица

puzle

SUPER
MEGA

стрип

strip

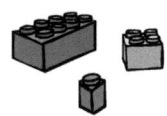

лего коцкице

lego kockice

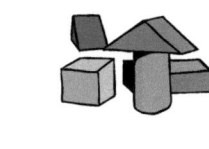

коцкице за слагање

kockice za gradnju

акциони јунак

akcione figure

бенкица за бебе

benkica

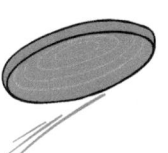

фризби

frizbi

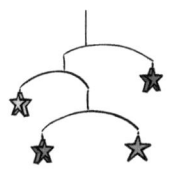

висеће играчке

mobile

друштвене игре

igra na ploči

коцка

kocka

минијатурна жељезница

miniatura željeznice

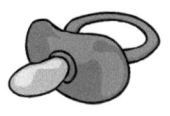

дуда

cucla

забава

zabava

сликовница

slikovnica

лопта

lopta

лутка

lutka

играти

igrati

пешчаник

pješćanik

љуљачка

ljuljačka

играчка

igračke

конзола за игре

konzola za igru

трицикл

triciklo

теди

medvjedić

ормар

ormar

одећа

odjeća

кратке чарапе

kratke čarape

чарапе

čarape

хулахопке

hulahopke

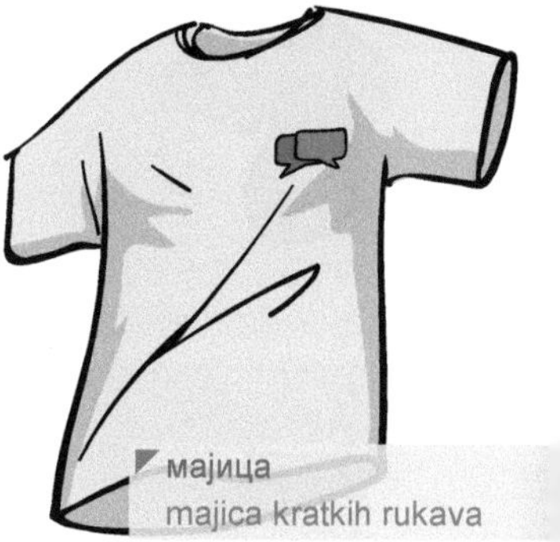

шал
šal

каиш
kaiš

кишобран
kišobran

мајица
majica kratkih rukava

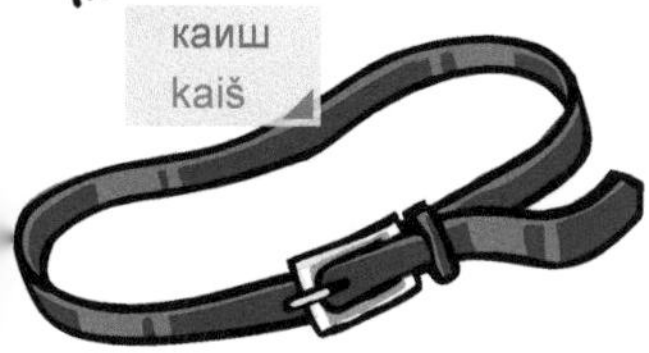

чизме
čizme

папуче
papuče

патике
patike

сандале
....
sandale

ципеле
....
cipele

гумене чизме
....
gumene čizme

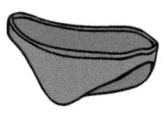

гаћице
....
gaće

грудњак
....
grudnjak

поткошуља
....
potkošulja

боди

bodi

панталоне

hlače

фармерке

farmerke

сукња

suknja

блуза

bluza

кошуља

košulja

џемпер

džemper

џемпер с капуљачом

majica

сако

sako

јакна

jakna

мантил

mantil

кабаница

kišni mantil

костим

kostim

хаљина

haljina

венчаница

vjenčanica

одело
odijelo

спаваћица
spavaćica

пиџама
pidžama

сари
sari

марама за главу
marama

турбан
turban

бурка
burka

кафтан
kaftan

абаја
abaja

купаћи костим
kupaći kostim

купаће гаћице
kupaće gaće

кратке панталоне
kratke hlače

одећа за тренинг
trenerka

кецеља
pregača

рукавице
rukavice

дугме

dugme

наочаре

naočare

наруквица

narukvica

огрлица

ogrlica

прстен

prsten

наушница

naušnica

капа

kapa

вешалица

vješalica

шешир

šešir

кравата

kravata

патент затварач

patentni zatvarač

кацига

kaciga

нараменице

tregeri za hlače

школска униформа

školska uniforma

униформа

uniforma

подбрадак
podbradak

дуда
cucla

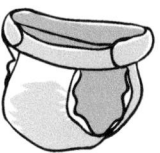

пелена
pelene

канцеларија
ured

сервер
server

ормар за списе
ormar za kartoteku

штампач
štampač

папир
papir

монитор
monitor

писаћи стол
pisaći sto

миш
miš

мапа
registrator

тастатура
tastatura

кошара за папир
korpa za papir

компјутер
kompjuter

столица
stolica

шалица за каву
šolja za kafu

калкулатор
kalkulator

интернет
internet

лаптоп

laptop

писмо

pismo

порука

poruka

мобилни телефон

mobilni telefon

мрежа

mreža

уређај за копирање

aparat za kopiranje

софтвер

softver

телефон

telefon

утичница

utičnica

факс

faks

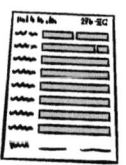

формулар

formular

документ

dokument

купивати
....
kupovati

платити
....
platiti

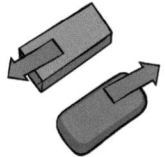

трговати
....
trgovati

новац
....
novac

долар
....
dolar

евро
....
euro

јен
....
jen

рубља
....
rublja

швајцарски франак
....
franak

ренминдби јуан
....
renminbi jen

рупија
....
rupi

аутомат за новац
....
bankomat

мењачница

mjenjačnica

злато

zlato

сребро

srebro

нафта

nafta

енергија

energija

цена

cijena

уговор

ugovor

порез

porez

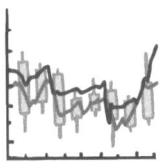

деонице

akcija

радити

raditi

службеник

službenik

послодавац

poslodavac

фабрика

fabrika

продавница

radnja

занимања

zanimanja

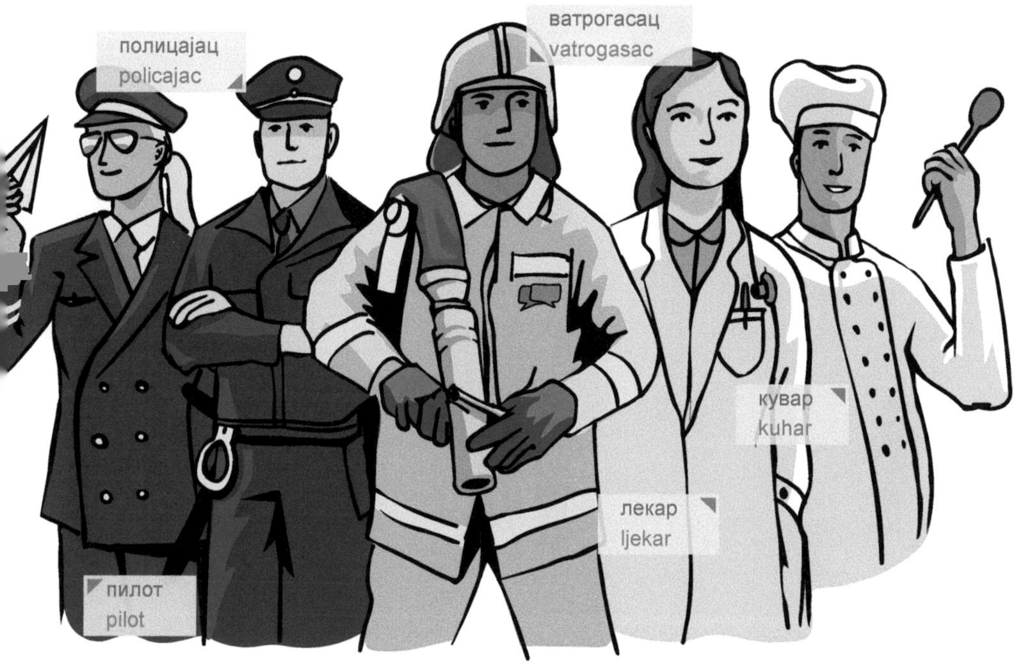

полицајац
policajac
ватрогасац
vatrogasac
кувар
kuhar
лекар
ljekar
пилот
pilot

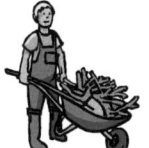

вртлар

baštovan

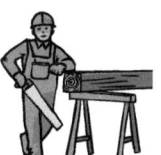

столар

stolar

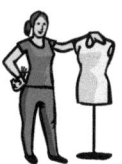

кројачица

krojačica

судија

sudija

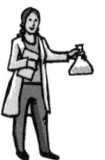

хемичар

hemičar

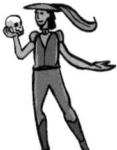

глумац

glumac

возач аутобуса

vozač autobusa

возач таксија

vozač taksija

рибар

ribar

чистачица

čistačica

кровопокривач

krovopokrivač

конобар

konobar

ловац

lovac

сликар

moler

пекар

pekar

електричар

električar

грађевински радник

građevinski radnik

инжењер

inženjer

месар

koljač

лимар

limar, vodoinstalater

поштар

poštar

војник

vojnik

архитекта

arhitekta

благајник

blagajnik

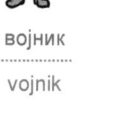

цвећар

cvjećar

фризер

frizer

кондуктер

kontrolor

механичар

mehaničar

капетан

kapiten

зубар

zubar

научник

naučnik

раби

rabin

имам

imam

монах

monah

свећеник

sveštenik

алати

alat

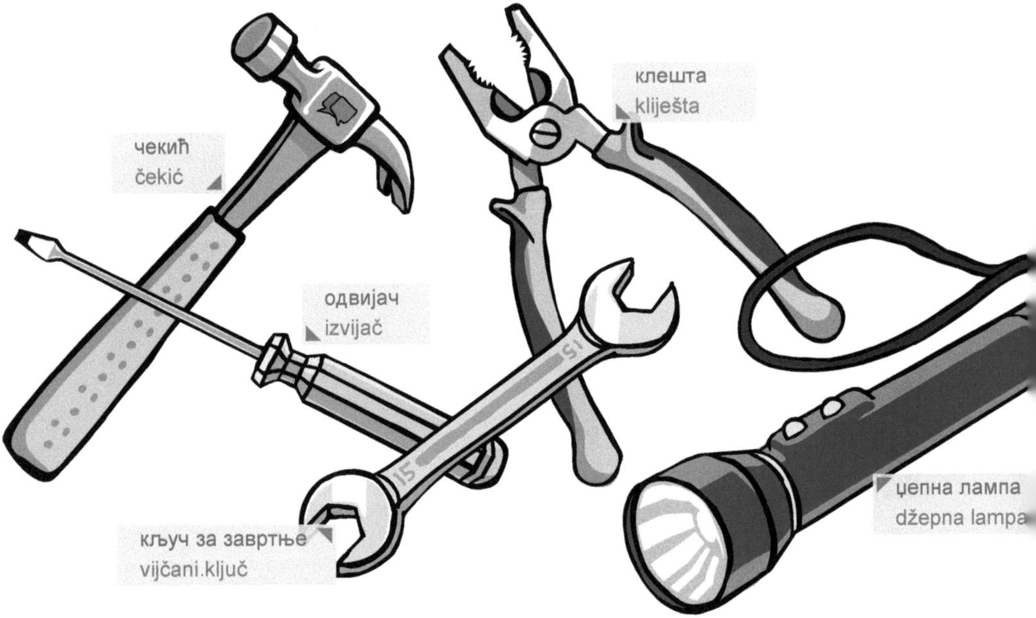
клешта
kliješta
чекић
čekić
одвијач
izvijač
ћепна лампа
džepna lampa
кључ за завртње
vijčani.ključ

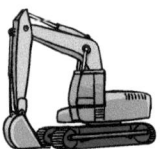

багер

bager

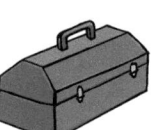

кутија за алат

kutija sa alatom

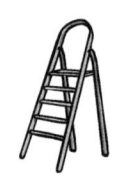

мердевине

ljestve

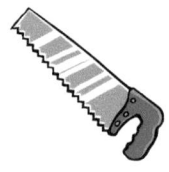

пила

testera, pila

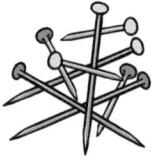

ексер

ekser

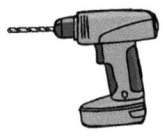

бушилица

bušilica

поправити

popraviti

лопата

lopata

до ђавола!

sranje!

лопатица

lopatica

лонац за боју

kanta boje

завртањи

vijak

музички инструмент
muzički instrumenti

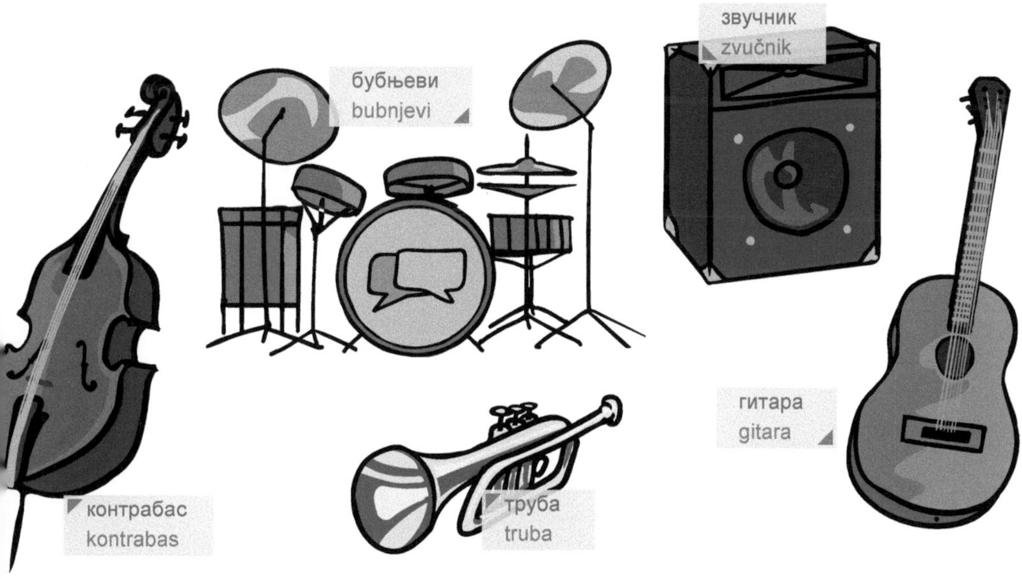

звучник
zvučnik

бубњеви
bubnjevi

гитара
gitara

контрабас
kontrabas

труба
truba

клавир

klavir

виолина

violina

бас

bas

тимпани

bubanj timpani

удараљке за бубњеве

bubanj

типке клавира

sintisajzer

саксофон

saksofon

флаута

flauta

микрофон

mikrofon

зоолошки врт

zološki vrt

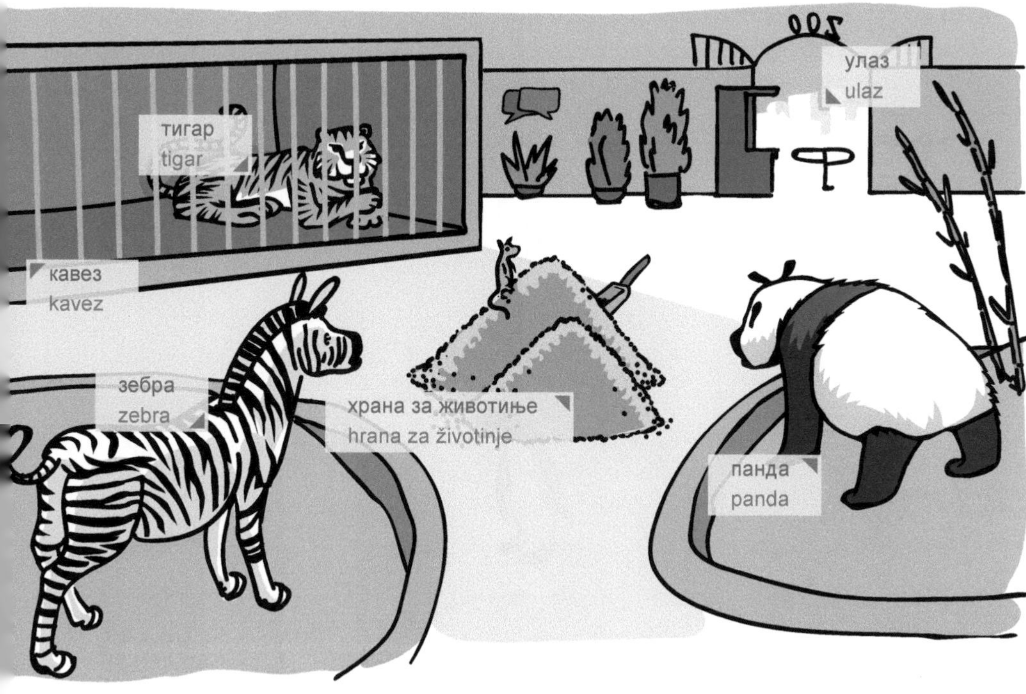
zoo
улаз
ulaz
тигар
tigar
кавез
kavez
зебра
zebra
храна за животиње
hrana za životinje
панда
panda

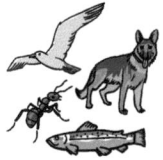

животиње

životinje

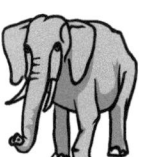

слон

slon

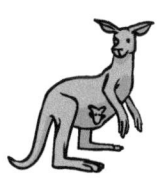

кенгур

kengur

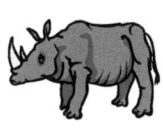

носорог

nosorog

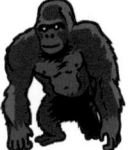

горила

gorila

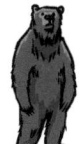

медвед

medvjed

камила

kamila

ној

noj

лав

lav

мајмун

majmun

фламинго

flamingo

папагај

papagaj

поларни медвед

polarni medvjed

пингвин

pingvin

ајкула

morski pas

паун

paun

змија

zmija

крокодил

krokodil

чувар у зоолошком врту

čuvar u zološkom vrtu

туљан

tuljan

јагуар

jaguar

пони

poni

леопард

leopard

нилски коњ

nilski konj

жирафа

žirafa

орао

orao

дивља свиња

divlja svinja

риба

riba

корњача

kornjača

морж

morž

лисица

lisica

газела

gazela

амерички ногомет
američki fudbal

бициклизам
vožnja bicikla

тенис
tenis

кошарка
košarka

пливање
plivanje

бокс
boks

хокеј на леду
hokej na ledu

фудбал
fudbal

бадминтон
bedminton

атлетика
laka atletika

рукомет
rukomet

скијање
skijanje

поло
polo

смејати се
smijati se

скочити
skakati

загрлити
zagrliti

ићи
ići

певати
pjevati

сањати
sanjati

молити се
moliti

пољубити
ljubiti

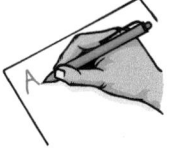

писати
pisati

цртати
crtati

показати
pokazati

гурати
gurati

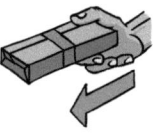

дати
dati

узети
uzeti

имати

imati

чинити

raditi

бити

biti

стојати

stajati

трчати

trčati

повлачити

vući

бацити

baciti

падати

pasti

лежати

ležati

чекати

čekati

носити

nositi

седити

sjediti

облачити

obući

спавати

spavati

пробудити се

probuditi

гледати
pogledati

плакати
plakati

миловати
milovati

чешљати
češljati

говорити
govoriti

разумети
razumjeti

питати
pitati

слушати
slušati

пити
piti

јести
jesti

поспремити
pospremiti

волети
voljeti

кухати
kuhati

возити
voziti

летети
letjeti

активности - aktivnosti

пловити

jedriti

рачунати

računati

читати

čitati

учити

učiti

радити

raditi

венчати се

vjenčavti

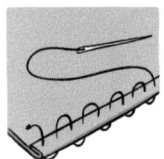

шити

šiti

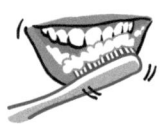

прати зубе

prati zube

убити

ubiti

пушити

pušiti

послати

slati

бака
baka

деда
djed

отац
otac

мајка
majka

беба
beba

кћерка
kćerka

син
sin

гост

gost

тетка

ujna, tetka, strina

ујак, стриц

ujak, tetak, stric

брат

brat

сестра

sestra

тело

tijelo

чело
čelo
око
oko
раме
leđa
прст
prst
лице
lice
брада
brada
рука
ruka, šaka
нога
noga
груди
grudi
рука
ruka

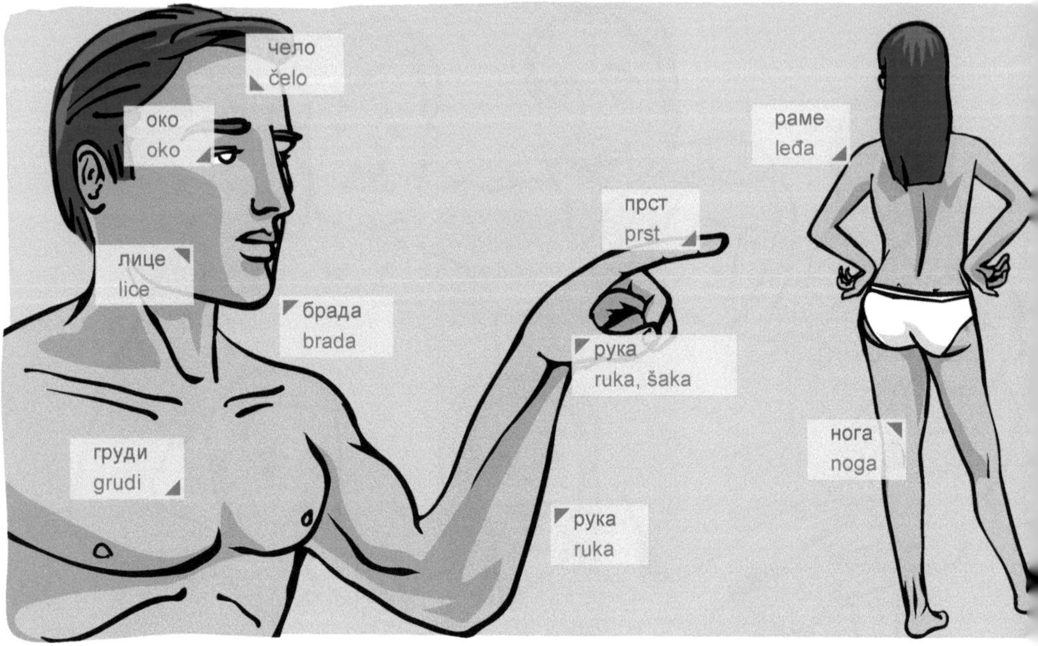

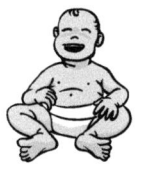

беба

beba

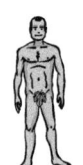

мушкарац

muškarac

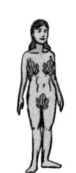

жена

žena

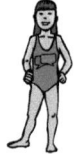

девојчица

djevojčica

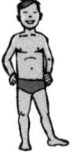

дечак

dječak

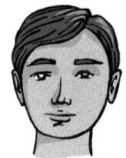

глава

glava

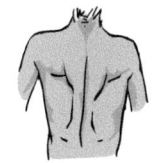

леђа

leđa

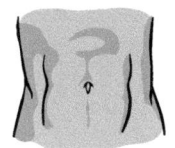

стомак

stomak

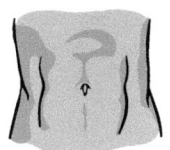

пупак

pupak

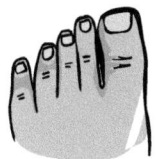

ножни прст

nožni prst

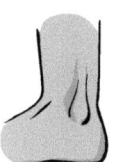

пета

peta

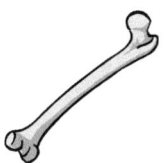

кост

kosti

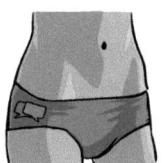

кукови

kuk

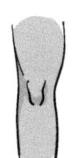

колено

koljeno

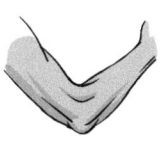

лакат

lakat

нос

nos

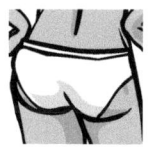

задњица

stražnjica

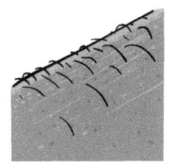

кожа

koža

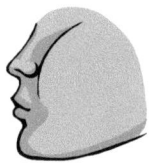

образ

obraz

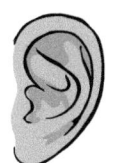

уво

uho

усна

usna

уста

usta

зуб

zub

језик

jezik

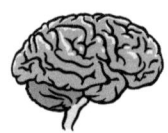

мозак

mozak

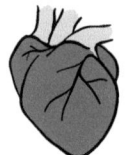

срце

srce

мишић

mišić

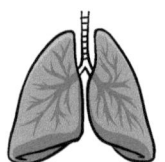

плућа

pluća

јетра

jetra

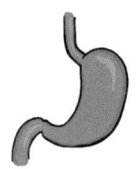

желудац

želudac

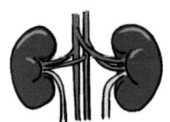

бубрези

bubreg

полни однос

spolni odnos

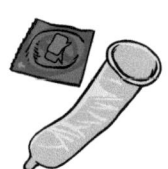

кондом

kondom

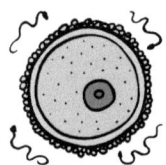

јајна ћелија

jajna ćelija

сперма

sperma

трудноћа

trudnoća

тело - tijelo

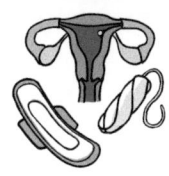

менструација

menstruacija

вагина

vagina

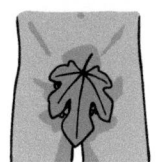

пенис

penis

обрва

obrva

коса

kosa

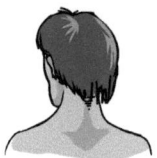

врат

vrat

болница
bolnica

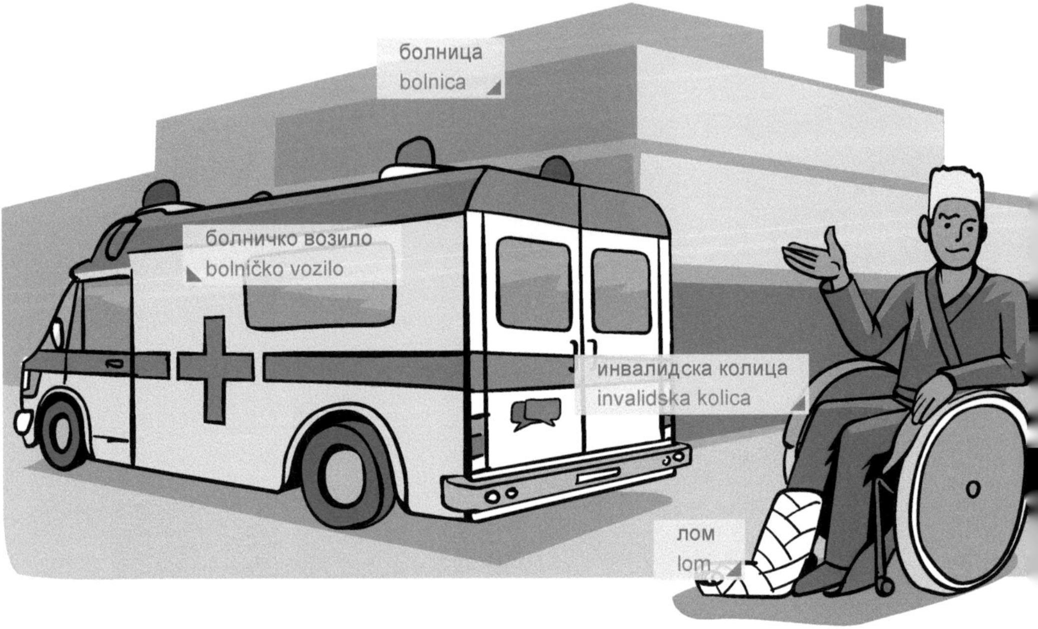

болница
bolnica

болничко возило
bolničko vozilo

инвалидска колица
invalidska kolica

лом
lom

лекар

ljekar

хитна медицинска служба

hitna služba

медицинска сестра

medicinska sestra

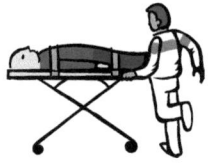

хитни случај

hitna pomoć

несвест

nesvjest

бол

bol

повреда
povreda

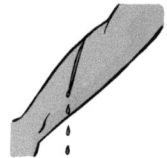

крварење
krvarenje

срчани удар
srčani udar, infarkt

удар
moždani udar

алергија
alergija

кашаљ
kašalj

грозница
groznica

грипа
gripa

пролив
proljev

главобоља
glavobolja

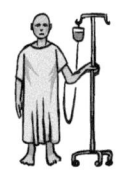

рак
rak

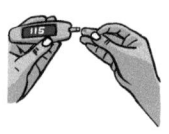

дијабетес
dijabetes

хирург
hirurg

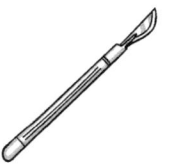

скалпел
skalpel

операција
operacija

цт
CT

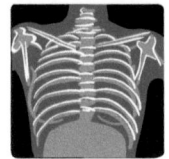

рентген
rendgen

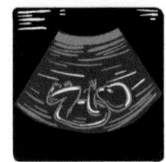

ултразвук
ultrazvuk

маска
maska

болест
bolest

чекаона
čekaonica

штака
štake

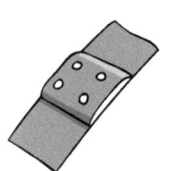

фластер
flaster

завој
zavoj

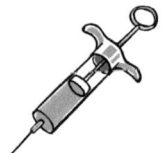

ињекција
injekcija

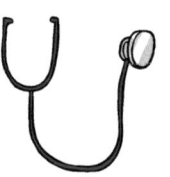

стетоскоп
stetoskop

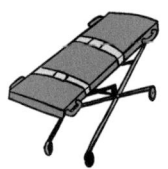

носила
nosilo

термометар
termometar

рођење
porod

прекомерна тежина
prekomjerna težina, debljina

слушни апарат

slušni aparat

средство за дезинфекцију

sredstvo za dezinfekciju

инфекција

infekcija

вирус

virus

хив / аидс

HIV/ AIDS

медицина

medicina

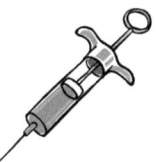

вакцинација

vakcinacija

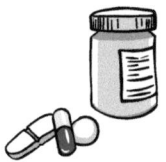

таблете

tablete

пилула

pilula

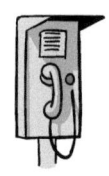

хитни позив

hitni poziv

уређај за мерење притиска

aparat za mjerenje pritiska

болесно / здраво

bolestan / zdrav

помоћ!

Upomoć!

аларм

alarm

насртај

napad, prepad

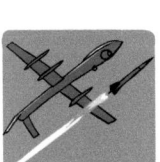

напад

napad

опасност

opasnost

излаз у случају нужде

izlaz u slučaju opasnosti

пожар!

Požar!

противпожарни апарат

vatrogasni aparat

незгоца

nezgoda

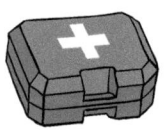

кутија прве помоћи

torba prve pomoći

сос

SOS

полиција

policija

Европа

Europa

Северна Америка

Sjeverna Amerika

Јужна Америка

Južna Amerika

Африка

Afrika

Азија

Azija

Аустралија

Australija

Атлантик

Atlantik

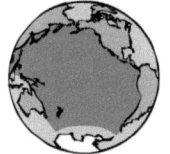

Пацифик

Pacifik

Индијски океан

Indijski okean

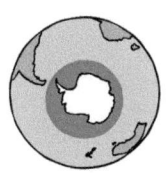

Антарктички океан

Antarktički okean

Арктички океан

Arktički okean

Северни рол

Sjeverni pol

Јужни рол

Južni pol

Антарктик

Antarktik

земља

Zemlja

земља

zemlja

море

more

оток

ostrvo

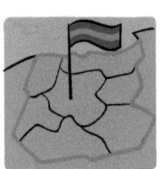

нација

nacija

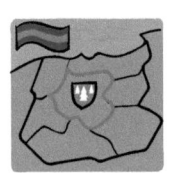

држава

država

сатна казаљка
....
brojčanik sata

сатна казаљка
....
kazaljka sata

минутна казаљка
....
kazaljka minute

секундна казаљка
....
kazaljka sekunde

Колико је сати?
....
Koliko je sati?

дан
....
dan

време
....
vrijeme

сада
....
sada

дигитални сат
....
digitalni sat

минута
....
minuta

час
....
sat

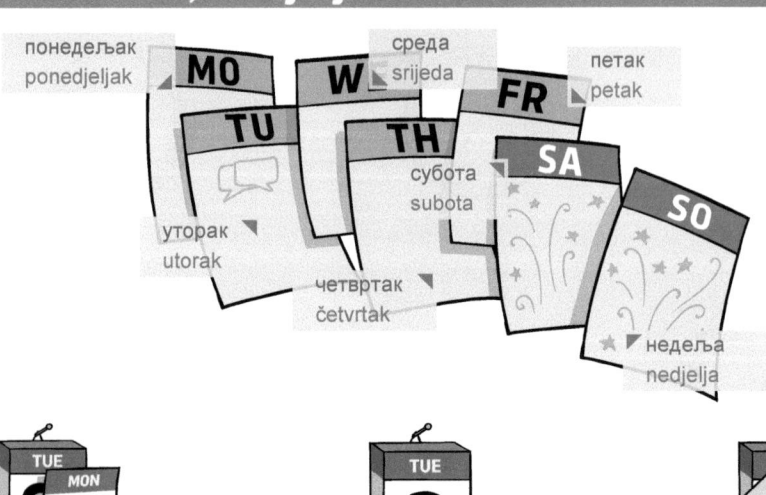

понедељак / ponedjeljak — MO
уторак / utorak — TU
среда / srijeda — W
четвртак / četvrtak — TH
петак / petak — FR
субота / subota — SA
недеља / nedjelja — SO

јуче

juče

данас

danas

сутра

sutra

јутро

jutro

подне

podne

вече

veče

радни дани

radni dani

викенд

vikend

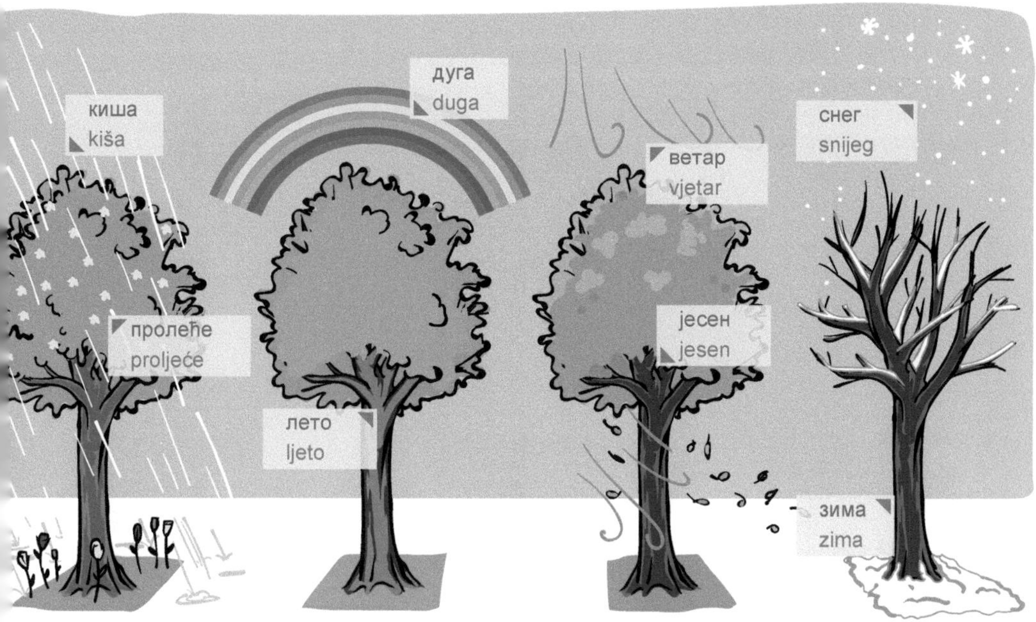

киша
kiša
дуга
duga
ветар
vjetar
снег
snijeg
пролеће
proljeće
лето
ljeto
јесен
jesen
зима
zima

4.APRIL 11°
5.APRIL 4°
6.APRIL 13°
7.APRIL 8°
8.APRIL 10°

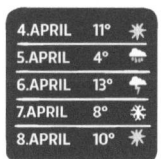

…теоролошка прогноза

prognoza vremena

F
C
120
90
60
30
0
-30
40
30
20
10
0
-10
-20

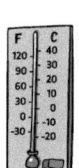

термометар

termometar

сунчана светлост

sunčev sjaj

облак

oblak

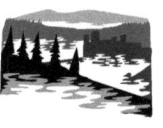

магла

magla

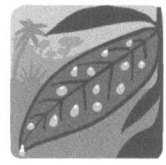

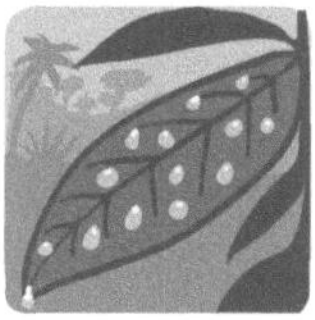

влажност ваздуха

vlažnost vazduha

муња

munja

грмљавина

grom

олуја

oluja

туча

tuča, led

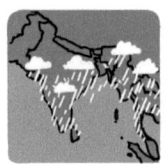

монсун

monsun

поплава

poplava

лед

led

јануар

januar

фебруар

februar

март

mart

април

april

мај

maj

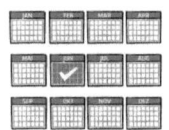

јуни

juni

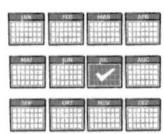

јули

juli

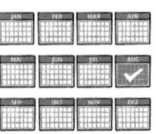

август

avgust

година - godina

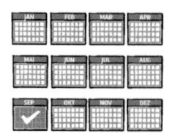

септембар

septembar

октобар

oktobar

новембар

novembar

децембар

decembar

облици

oblici

круг

krug

квадрат

kvadrat

правоугао

pravougao

троугао

trougao

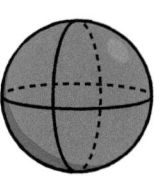

кугла

kugla

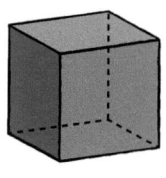

коцка

kocka

бела

bjel

жута

žut

наранџаста

narandžast

ружичаста

pink

црвена

crven

љубичаста

ljubičast

плава

plav

зелена

zelen

смеђа

smeđ

сива

siv

црна

crn

много / мало

malo / mnogo

љутито / мирно

ljutit / miran

лепо / ружно

lijep / ružan

почетак / крај

početak / kraj

велико / малено

veliki / mali

светло / тамно

svijetlo / tamno

брат / сестра

brat / sestra

чисто / прљаво

čist / prljav

потпуно / непотпуно

potpun / nepotpun

дан / ноћ

dan / noć

мртво / живо

mrtav / živ

широко / уско

široko / usko

јестиво / нејестиво

ukusno / neukusno

зло / добро

zao / prijatan

узбуђено / досадно

uzbuđen / dosadan

дебело / мршаво

debeo / mršav

на почетку / на крају

najprije / najkasnije

пријатељ / непријатељ

prijatelj / neprijatelj

пуно / празно

pun / prazan

тврдо / мекано

trvd / mekan

тешко / лагано

težak / lagan

глад / жеђ

glad / žeđ

болесно / здраво

bolestan / zdrav

илегално / легално

ilegalan / legalan

паметно / глупо

inteligentan / glup

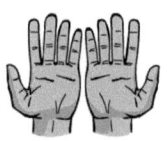

лево / десно

lijevo / desno

близу / далеко

blizu / daleko

ново / половно

nov / polovan

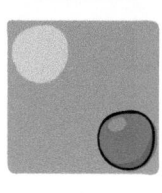

ништа / нешто

ništa / nešto

старо / младо

star / mlad

кључено / искључено

uključeno / isključeno

отворено / затворено

otvoreno / zatvoreno

тихо / гласно

tiho / glasno

богато / сиромашно

bogat / siromašan

тачно / погрешно

tačno / pogrešno

храпаво / глатко

hrapav / glatak

тужно / сретно

tužan / srećan

кратко / дуго

kratak / dug

полако / брзо

spor / brz

мокро / сухо

mokro / suho

топло / хладно

toplo / hladno

рат / мир

rat / mir

0
нула
nula

1
један
jedan

2
два
dva

3
три
tri

4
четири
četiri

5
пет
pet

6
шест
šest

7
седам
sedam

8
осам
osam

9
девет
devet

10
десет
deset

11
једанаест
jedanaest

12

дванаест

dvanaest

13

тринаест

trinaest

14

четрнаест

četrnaest

15

петнаест

petnaest

16

шестнаест

šesnaest

17

седамнаест

sedamnaest

18

осамнаест

osamnaest

19

деветнаест

devetnaest

20

двадесет

dvadeset

100

стотину

sto

1.000

хиљаду

hiljada

1.000.000

милион

milion

енглески

engleski

амерички енглески

američki engleski

мандарински кинески

kinesko mandarinski

хиндски

hindi

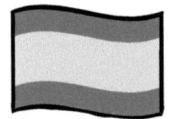

шпански

španski

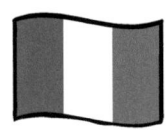

француски

francuski

арапски

arapski

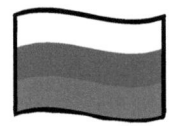

руски

ruski

португалски

portugalski

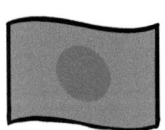

бенгалски

bengalski

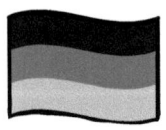

немачки

njemački

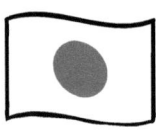

јапански

japanski

ја
ja

ти
ti

он / она / оно
on / ona / ono

ми
mi

ви
vi

они
oni

Ко?
ko?

Шта?
šta?

Како?
kako?

Где?
gdje?

Када?
kada?

име
ime

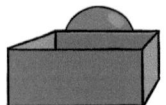

иза
......
iza

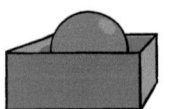

у
......
u

испред
......
pred

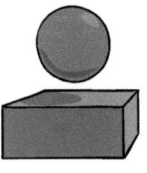

преко
......
iznad

на
......
na

испод
......
ispod

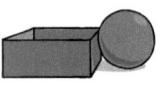

поред
......
pored

између
......
između

место
......
mjesto